KLAUS ZEH
LICHTINSELN

Klaus Zeh, Jahrgang 1965, ist Schriftsteller, Musiker und Liedermacher. Er lebt in Reutlingen.

Der Autor hat sich schon seit Beginn seiner schriftstellerischen Tätigkeit gegen die Veröffentlichung im herkömmlichen Verlagswesen entschieden. Ihm ist es ein großes Anliegen, seine künstlerische Unabhängigkeit, sowie die Rechte an seinen Werken zu behalten.

Alle Werke von Klaus Zeh sind auf der letzten Buchseite verzeichnet.

Klaus Zeh

Lichtinseln

Gedichte

Bibliographische Information der Deutschen Nationalbibliothek:
Die Deutsche Nationalbibliothek verzeichnet diese Publikation in der Deutschen Natio-
nalbibliographie; detaillierte bibliographische Daten sind im Internet über
http://dnb.d-nb.de abrufbar.

© 2020 Klaus Zeh
Herstellung und Verlag: BoD – Books on Demand, Norderstedt
Layout und Umschlaggestaltung: Adeline
Alle Rechte vorbehalten
ISBN: 9783750496903

Für Deda
&
unser beider Überwinder

Im Garten

Rosen ranken
an Buchs und Thuja
still hinauf. Ihr
Scharlachschimmern,
sonnenlichtbetupft,
berührt sanft
Herzgemäuer.

Rosen

Ihr Duft will,
geheimnisvoll, ja,
hoffnungssüß,
den Zauber uns
entfalten.

Die Rose flüstert:
gib dich hin.

Corolla

Unsere Seelenzugehörigkeit
aufzubrechen, unseren müden
Sinn vom Schlaf befreiend,
wirkt ein Blütenblatt, wie
Wasser auf fast verdorrtem
Boden.

Wellenreiter

Als Gedankenwechsel
schwimmt ein Schwan
durch unsre Zeit,
für einen Moment
Zeitlosigkeit.

Hangover

Halb tot gelacht
im Abyss
der dunklen Gänge,
segnest du das Licht,
das dir weit mehr
als das verspricht.

Teeglück

Für Rainer

Der Dichterfreund spricht
von Jadeschaum mit
weißgeschäumten Worten.

Jeden Schluck gesüßt
mit dem Tropfentau
Wahrhaftigkeit.

Zephir

Fröstelnd feiern wir
an feuchten Ufern
unser Leben.

Die Tage des Boreas
sind gezählt.

Im Dämmerungsfeuer, das
am Himmel bald erblüht,
haucht ein milder Südwind
sein Versprechen.

Traumfabrik

Zelluloidphantasma,
in Spiegeln ersonnen.
Blicke, im tausendfachen
Abgrund, in den Eisrillen
der blindgewordnen Herzen.

Wo noch Schatten
Schatten werfen, doch
Träume Atem werden.

Little Miss Sunshine

Ein Highway wie ein
Fingerzeig nach Süden.

Im knattrigen VW-Bus
treten Träume
ihre letzte Reise an.

Liegen in den Wehen,
wandern
im Geburtskanal,
drängen
brüllend aus der Vulva
ihres Sehnens - werden
weglos wahr.

Schneegänse

Zuerst sind sie
arktisches Gleißen im
Himmelmeerland
des blauen Nordens.

Ein Volk im Aufbruch,
weit nach Süden.

Auf ihrer langen Mühsal
dann, schreiben ihre weißen
Schwingen das Lied
der Flucht an unsrer
Herzen Wände.

Monument Valley

Roter Frieden am Fuße
stummer Sandsteinriesen.

Sie pflügen Amerikas
Wolkenwiesen,
droben, in der luftigen
Lebensader, dem Zugvögel-
meridian nach Antarktika.

Exil

Versprochene Gestade,
tonlose Himmel.

Boden und Erde samt
Wurzel und Wunder.

Alles, alles hoffen wir
Verzweifelten, und nehmen
noch das Wenige aus
Himmelshänden, wenn
wir wandern wollen.

Neuer Weg

Hin zum Glast
wenden wir uns.

Umkehr ins
Schattenlicht des
Quellengebers.

Lionsrock

Die Zeit des Windes
naht dem Löwenfelsen.
Silberscheu schimmert das
Hochplateau der Freiheit.

Noch netzt Raureif
den Flügelschlaf der Straußen.
Schon bald doch streunen
Könige und ihr Gefolge
durch Savannensonnen.

Und im singenden Schilf
brüten Webervögel
neues Leben hervor.

Mut

Wie Lachse wandern
wir flussabwärts,
nehmen die Strömung,
die sich entgegnet,
als Herausforderung an.

Der glanzvoll starke Leib
des Fisches ruft den
stummen Ruf uns zu:
Ändere du deine
Sicht auf dich
selbst.

Pier 39

In Friscos Hafen klicken
neugierige Kameras vor
aufgerissnen Menschenaugen.

Fläzende Seelöwenhaut
trocknet ölig im Licht
Kalifornischer Himmel.

Die Nähe der andern –
sie birgt.

Vom Suchen und Finden

Du bist mein
Kap der guten Hoffnung.

Deine Leuchtfeuer lotsen
mich. In deinem Hafen
ankere ich gern.

Deinetwegen will ich
Spelunken schweigend
meiden, doch dein Wort
erwidere ich gern.

Liebe

Kurz wie der arktische
Sommer ist die Gier
der Strohfeuernächte.

Die Liebe jedoch,
die dauert, ist das Mark
und der Schorf
all unserer Zeit.

Letzter Besuch

Ein Hauch Herbst
Inselwind verweht.

Von Jadehügeln streicht
er kühlgesichtig, wirft
das Wellenland in Falten.

Spätes Licht sprudelt
kristallregengleich gegen
windbestrichene Ufer.

Traumbild

Pagoden und Dschunken
treiben im Dämmer
des segelbunten
Spätsommertags.

Verschlafenes Dösen
im Blaudunst des Sees.

Wellenschlägig lösen sich
Bilder wie Träume
heraus, sammeln in
Prielen Erinnerung,
zwischen Ebbe und Flut
unserer Jahre.

Lichtinsel

Wir kosten vom
Weidegrün der Serengeti
nach dem langen Regen
des Winters, begleiten
die Störche, ihren südlichen
Zug, leben mit den
Flamingos von Plankton
und Salz, in nichts als
unseren Gedanken.

Mammut

Sein Blutharz füllt
die Rinden, die selbst
Feuer überstehen.

Im Armgeäst des Riesen
verlieren alle Sinne sich
zum Einssein
mit dem Ganzen -
dem Einen.

Füchse

Sie grasen die Sonne
von den Wiesen, die gläsern
am östlichen Himmel versilbert.
Vertreiben mit nussbraunen
Schweifen Mücken
aus dem Glanz ihrer
Leiber. Nahe am Zaun
schnauben sie Neugier (die Lust
am Wittern) und neigen
die Blässe uns dar
zum Streicheln.

Rettung

Wie riesige Buckelwale ragen
die Rücken der Berge aus dem
Kältedunstschlaf Antarktikas.

Oval wie das Mandelblutauge
des Gletschers krümmt sich
die silberne Bucht in der
Meerenge zum Hafen hin.

Mild murmeln die Wellen
am Bug, vor Freude
dankt jemand gen Himmel.

Robben Island

Südliche Seebären –
die Tausendschar. Schutz
suchend vor Jägern, der
Gier, der Gefahr. Ihre
Insel der Zuflucht,
laurasisches Erbe -
ihr Ort *und* ihr Ziel.

Unser Raubzug soll enden.
Wäre das viel?

Poetenvögel

Rauchschwalben baden
und essen und trinken
im Flug, sind Künstler
im Fliegen, Poeten im
Zugvögel Zug.

Kaum, dass sie ihre
Bestimmung, ihr Ziel
erreichen, bleibt ihnen
wenig an Zeit, die Sehnsucht
des Südens wird ihnen
zum Zeitvertreib.

Sein

Über den Hängen
Akazien, verströmender Duft.

In Zweigen und Wurzeln
wandert das Leben.
Sehnsucht zieht als
Wolken am Muschelgehäus
unserer Suche.

Im Meer, dem weiten,
schwimmt mehr
als nur ein Geheimnis
am Grund.
Doch aus dem Fruchtfleisch
der Feigen tropft
köstlicher Nektar.

Der Überwinder spricht
zu uns
von der Kostbarkeit Leben.

Worthunger

Stimmen von irgendwo
tief in uns drin.
Atemlaut,
der jede Faser
erfüllt.

Das Singen der Erde,
kaum hörbares
Klingen.
Lauschend nur
erkennen wir das stärkende
Wort, an dessen Ufern
wir nicht mehr hungern.

Geheimnis

Hören
die elfenbeinerne Stille.

Lauschen
dem tonlosen Klang.

Öffnen
dem Raunen der Welt,
dem Rätsel und Haften
im Schweigen.

Chancen

Harmlose Zirrus
mit sich verlierenden
Schweifen.

Eiskristalle im lauwarmen
Südwindbad. Flüchtig
wie das kurze Leben
der Pannus.

Kumulus ziehen
wie Gefühle durchs
Innere, tropfen als Tau
aus den Gedanken
und sickern ins
Vergessen.

Erg

Sein Sandmeer schallt
wider in der großen
Herzbilddünung.

Suchen der Oase.

Die Eine, die wieder
Leben spendet.

Little Miss Sunshine II

Sie sammeln den Schrott
ihrer entzwei gegangenen
Leben.
Kosten von der bitteren
Mandelmilch des Schmerzes.

An ihrer Einsamkeit
verstummen
Worte. Die Königsfrucht erst
macht sie mild:
die Liebe.

Sehnsuchtstundra

Wen wundert es, wenn wir
Wandern wie die Wolken,
oder als Levanter
über die Straße von Gibraltar
ziehen.

Wie Virga verdunsten
wir am westlichen Himmelssaum,
noch ehe wir die Dürre
unserer Jahre schmecken.

Flügelweit durchstreifen wir
die Tundra unseres Sehnens,
jedoch hoffnungswindend.

Etesienklang

Wenn wir dürstend
durchs Reg unseres Herzens
irren, unsere Füße
blutig stoßen an Steinen
der Bekümmernis, will
ein Wort uns vielleicht
retten, gesungen im Klang
singender Etesien.

Zuversicht

Fern vom Regenschatten, im Lee
des Friedensberges, birgt
uns der Unsichtbare unter
Wolken des Erbarmens.

Trockenheit und Dürre werden
uns wohl nie vertreiben.
Unsere Flüsse speisen
aus der Quelle sich seit je.

Immer wieder

Mangroven sind wir, schlagen
unsere Wurzeln tief ins
Seelenland.
Vom Salz des Südens
angefressen, halten wir
doch stand, strecken uns
zur Sonne hin, die immer
wieder gütig unsere Kronen-
häupter wärmt.

Märchen

Folge der Käuzin,
sie weiß den Weg
aus dem herzbildrigen
Schmerzzedernwald.

Ihre Spur ist gegossen
in glühendes Licht
und Luft, fast lähmend
und leichtfüßig doch.

Eine Flucht ist ihr Flug,
kein Ast hält sie, auf
ihrem Rücken wohnt
Wind.

Mediterraneo

In den Gläsern fängt sich
letztes Abendlicht, wird
von irgendwo hereingestreut,
schwimmt als milder Fleck
in Resten dunklen Weins.

Schöpfen aus der Schale
voller Bilder, trinken mit
den Augen der Seele
den Trunk der nahenden
Nacht.

Stalagmit

Mit jedem Tropfen,
jeder Träne,
wächst deine Trauer
sich schönend aus,
wird zum Steintanz-
Symbolismus.

Man wird dich sehen
und bewundern, wird
deine Kraft nie wieder
unachtsam umgehen
nur.

Frei

Douglasienwild reißen wir
an den Lüften und schreiben
ins Blau unsere Chiffre,
lebenslang.

Laurasiens Küsten branden
derweil vergessen
an unser Ohr.

Katabatische Winde
stürzen herbei,
wir fliehen mit ihnen
vor der Jahrhundertlüge
und
fühlen uns frei.

Warum

In manchen Nächten
laufen wir durch
lautlose Bilder, schlafen
den Schlaf der Ungerechten
und erwachen doch
wie von einer Hand berührt,
mit neuem Atem.

Für Robin W.

Mit dem Herzen
eines Clowns streute er
Lichtinselblütenblätter
auf alle unsere Wege.

Mit einem Lächeln,
das wohl immer auch
zum Weinen werden wollte,
sich verbarg, und aus uns
die Tränen schenkte.

Wörter und Sammler

Wir Wortsammler wissen
von der weißen Kargheit
lichtscheuer Lettern.

Auf manchen mahlen wir
wie auf Sandkristallen
oder zerbeißen sie zu
Wortbrei wie die Wiederkäuer.

Kaum gestillt
wird unser Hunger nach
dieser Speise.

Augenblickleben

Im Achternwasser, zwischen
Schilf und vollmondigem
Seegrassaum, sehr
friedlich, die flüchtigleise
Bewegung zwischen Angst
und Abenteuerlust –
der Salzmundkuss des
Augenblicks.

Am Morgen

Elyptisch schweigt
der Morgen, kleidet
sich in stille Töne.

Vom Schelfeis her,
der letzten Zuflucht,
weht kühl die Zeit, wie
Tränentau Vergangheit.

Gelber Ginster blüht
andernorts
kokosmild die Zukunft
uns herauf,
und westwindwarm.

Leise werden

In die weiche Lithosphäre
meiner Wortwandmuschel
singt ein seidener Scirocco
sein Lied auf eine Weise, die
mich ruhig und unverhohlen
macht, und leise.

Lichtgarn

Aus lauter Lichtgarnfäden
silbert dein Bild in mir
herauf.

Robiniensanft streichen
Atemstunden über meine
Sonnenuhren, legen
Sommerschatten mild auf
Augenblicke puren Lebens.

Wolfswind

Weidenweich wildert
der Wind, durchkämmt
wolkenlos Seele und Haar
in wölfischer Gelassenheit.

Dein Auge netzt mein
wucherndes Karpatenfell,
aus dem ich mir, dank dir,
die Träume schüttle.

Zweigesicht

Umbrisch schmeckt
dein Kuss unter
palladianischen Arkaden.

In Meerhimmeln
schmilzt dein Blick,
kastanienerdenschön.

Worte werden wahr:
weiße Mnemosyne,
Gralshüter entlassen.

Aus der Quelle trinken
wir das Zweigesicht
der Hoffnung.

Erinnerung

Über den Wassern wüten
Nebel, geisterhafte Schwaden.

Lautlos entfernen Horizonte
sich, sinken schweigsam
aus den Bilderstunden, werden
Schalenweise ausgegossen,
tränken tränenreich
die inneren Täler
mit weißwandiger Erinnerung.

Nemesis

Milchweiße Nemesis, nach
der wir dürsten, satt
vom schwarzen Blut das
aus den Spiegeln tränt.

Müde von den Lügen
der Liebenden des Urian,
in den Rinnsalen des Wohlstands
ausgespieen. Milchweiße
Nemesis, nach der wir dürsten.

Chiffre

Für Alfred Andersch

In den Pistazienbüschen
der Toskana haust ein Duft
nach wilder Freiheit.

Die reglose Landschaft lässt
auf ein gutes Ende hoffen,
lohende Blüten im Sonnen-
lichtertanz. Eine Ahnung
Gott in allem Offenbarten.

Zwischen den Zeilen
längst.

Bastarde

Hussitisch hofft dein Herz
auf eine Falltür
in der Bühne, durch die
Hybriden haltlos
stürzen, in den Abgrund
ihrer leeren Lügenworte.

Balkongespräche

Dem Freund

Alltagsbrackwassern bald
entkommen, unversehens
blähen sich passatne Segel
schnurstracks: offene See.

Ablandig, vertrautes
Archipel. Zuflucht
zwischen Gewürzgestrüpp
und Reclamräumen,
tragen deine Worte mich
an jenseitige Ufer, wo wir
heimisch werden für die
Zeit unseres Balkongesprächs.

Laureat

Die Bitterkeit des Mandeltages
lässt alle deine Ufer fluten.

Erst die gehauchten Amberworte
deines Spiegelbildes werden
endlich Ebbe auf enigmenhafte
Weise.

Unter dem Lorbeerbaum
des Wortes
wirst du ein Laureat.

Die Schönheit der Araukarie

Wie Ähren des Tausendblatts
ragen wir aus stehenden Gewässern.

Unsere Halme gefüllt von
Tränen und Tagen ohne Tanz
im Uferwind.

Die Schönheit der Araukarie
verblichen in blind gewordnen
Spiegeln einstiger Verheißung.

Solange wir Worte finden,
haben wir einen Weg.

Weitere Titel von Klaus Zeh

Prosa

Taxi *(Roman)*
Mozart oder der Fall des Harlekins *(Roman)*
Lisboa *(Roman)*
Trinity – Irische Begegnungen
(Kurzgeschichten)
Broker *(Roman)*

Lyrik

Die Leichtigkeit des Windes *(Ostsee-Gedichte)*
An Ufern aus Jade *(Bodensee-Gedichte)*
Pontoon – oder wann immer ich hier sein
werde *(Irland-Gedichte)*